CoolChaint

Dolores Stewart

CoolChaint

CoolChaint

Foilsithe in 2020 ag
ARLEN HOUSE
42 Grange Abbey Road
Baldoyle
Baile Átha Cliath 13
Éire
Fón: 00 353 86 8360236
Ríomhphost: arlenhouse@gmail.com

978–1–85132–242–8, bog

Dáileoirí idirnáisiúnta
SYRACUSE UNIVERSITY PRESS
621 Skytop Road, Suite 110
Syracuse
New York 13244–5290
Fón: 315–443–5534/Facs: 315–443–5545
Ríomhphost: supress@syr.edu

Clóchur ¦ Arlen House

Saothar ealaíne an chlúdaigh: Dolores Stewart

Tá Arlen House buíoch de
Chlár na Leabhar Gaeilge
agus d'Fhoras na Gaeilge

Clár ¦ Contents

NEW INKLINGS/GAOTH AN FHOCAIL

OFF-CUTS/IARSMAÍ

OLD PATHWAYS

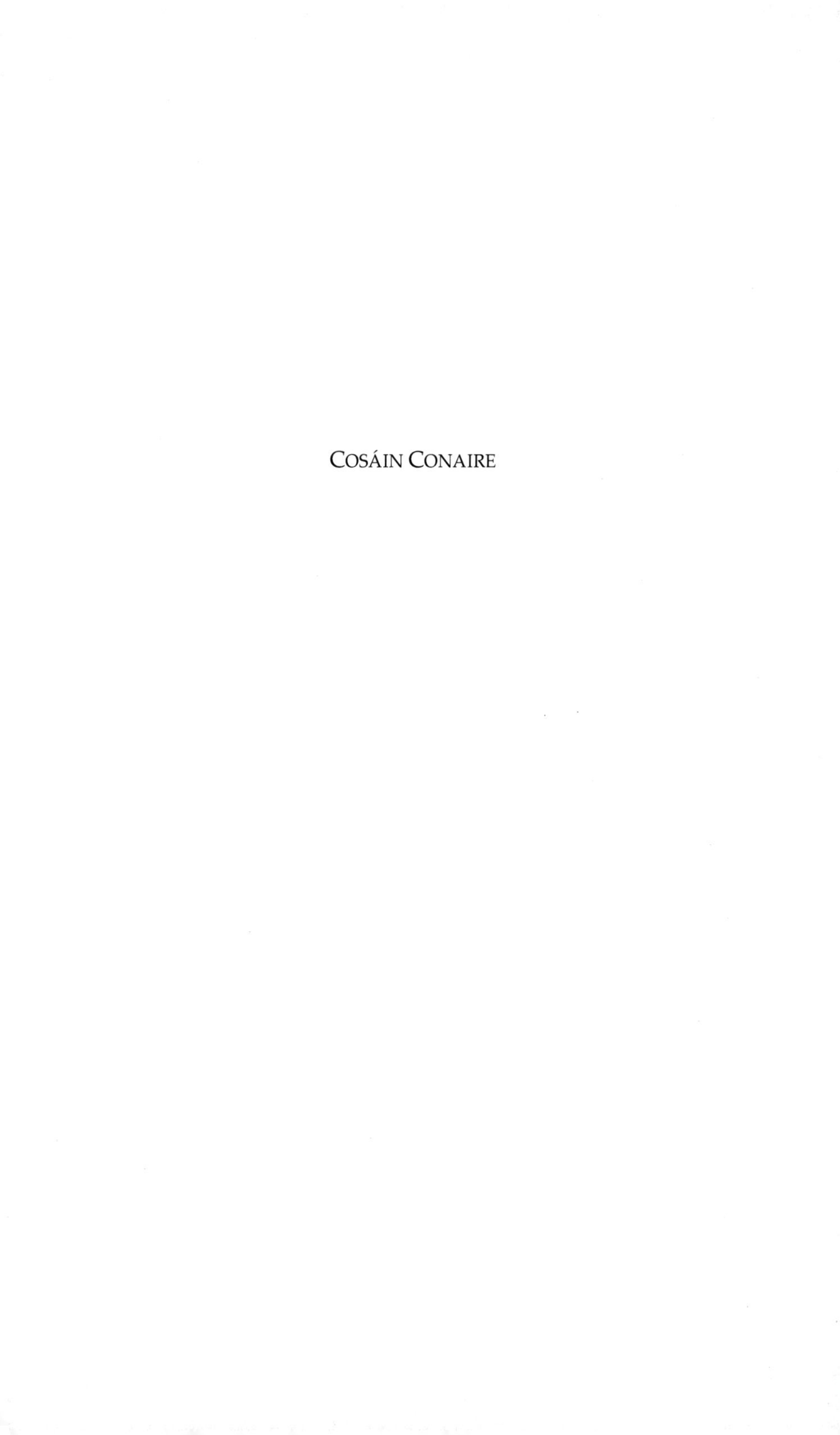

COSÁIN CONAIRE

Preface

I spread my poems
on the freckled walkways of autumn

cover them with blackened leaves of ash,
a mottled offering, prayer of generation.

Réamhrá

Ar urlár na roschoille,
tá dánta de mo chuidse curtha i dtaisce.

Ar feadh na geamhoíche, tá siad in ainm
is a bheith marbh, ceal breactha.

Cicero's Sign Language

'There is nothing proper about what you're doing, but at least make sure you cut off my head properly'
– Marcus Tullius Cicero

Runaway tongues he could silence at a glance
and wipe graffiti clean;
like Cicero or be flogged
the one-liners standing out in shock waves
after the dust had settled in the wake
of a spent volcano. To give him his due,
he was nothing if not the hellhound of rhetoric,
talking them into talking proper; pay heed
as he gives the thumbs up or thumbs down
to would-be spoofers, orators of forum or orange box.
Eyes open now, as if someone had walked
on his grave and not just the ravens picking their way
into his bedchamber, as if acting on a tip-off.
Nor was it the first time
he'd got it in the neck for speaking out of turn
as others would boast of in cursive mode
on wax tablets and scrolls, the more to show him up
in satire or slang;
the worse for him when they had him on the run,
had their daggers to his throat;
a tongue without muscle tone,
without a wrist to write or words to utter
leaving them with the whip hand and the trophies
to clinch it, a lap of honour
for the slackened lips and ripped right arm,
eyes still open though seeing nothing now
but the whisper in Scipio's dream; *damn Cicero or be dumb*
and know by Jove that the prize is won by a roll
of the dice or the flip of a coin with the face
of a dead caesar recently despatched.
Is it head or is it hearts?

Cluiche Caointe Cicero

ní haon chúis gháire é agus na cártaí béal in airde
    ar an gclár

rí ar an dubh ar a sheanléim, an drámh ag éirí as tóin
    an phaca –
crann na cúise i gcruachás
gan glaoch aige ar thánaiste ná mámh ón lámh
    a fuair sé

ach faoi gheasa fós
an bhratach a choinneáil ar foluain
ar son ghuth glan na fírinne.

Agus ní haon chúis mhaíte é, an drochobair a bhí ann
nuair a thosaigh siad air
le miodóg agus scian ghéar,
    le scian ghéar agus miodóg.

Gí go raibh sé sínte ar a chothrom, gan teacht aniar air
ní raibh orthu an tseanfhala a chothú
ná stiall a bhaint as a chorp.

Murach dath na gcártaí, ní bheadh snáth fola ag snámh
ar a theanga ná fiú ar lorg a láimhe,
iad araon scriosta –
    an cúig ligthe leis an aon.

In ionad deis a labhartha, chuir siad teanga 'liom leat'
    ar siúl –
ealaín chluiche agus cártaí cúil

gan ar a gcumas freagra na gcág a thabhairt, ná ceist
    gan chlaon a chur.

Psyche's Dice

In the guts of the small hours,
she sits well back on her hunkers, fingers the dream man
nestling in her feather bed,
pillow talk on her mind. What he lets slip in his sleep
brings a whistle to her lips,
the whirligig promised her when he comes back
to his senses,

rip rearing to go.

Sure of the prize, she goes for broke
in the slap and tickle of his heart

wanting nothing but the slow striking of a match
and the flash of a kerosene smile.

How could she have known that a single droplet of oil
spilling over onto his face like that would rally her out
    of the love knot
and send her sprawling back onto the pillows,

seeing the demon?

How close she had come to quenching the oil lamp
and snuggling up to him all muscle and bone –

She sits way back on her hunkers, the glint of a candle
in her eyes, chewing on an exit line, wide-awake

though still hankering after the good times,
in two minds.

Aisling Bhréige

Suíonn sí siar ar a gogaide
i mbolg dubh na hoíche
ag ábhaillí leis an mbrionglóid fir
a bhí neadaithe ina leaba chlúimh,
cogar na hadhairte ar intinn aici.
Ina chodladh cainte, cloiseann sí
an bhreallaireacht ghrá atá geallta di
agus eisean ina dheargmhúscailt.
Ins an duibhré, rianann sí
lena méar a chruth, a rabharta
spionnaidh, bualadh socair
a chroí, an sásamh a bhí i ndán dise.
Ach, a dhiabhail, an tochas a bhí inti
a aoibh álainn chaoindéanta a nochtadh
roimh theacht lomsholas an lae!
Is gan chead, gan chomhairle a lasann sí
an lampa ola agus chroch suas é.
Nuair a steall drithlín ola ar a bhaithis
agus dhíbir as a chodladh an t-ógfhear
agus chonaic sí lena dhá súil
an deamhan a bhí ina luí léi i snaidhm
sheirce, agus an chaoi a raibh
an domhan sa mhullach uirthi, bhuail
codladh grifín í. *A dhiabhail,*
an chontúirt a bhí ann
go múchfadh sí an lampa ola,
go neadódh sí í féin
i leaba an deamhain choimhdeachta
le hosna fhada réamhghabhála.
Suíonn sí siar ar a gogaide
ag breathnú ar dhoras na sráide;
sás a fuascailte, an choinneal ina radharc
á cur ina lándúiseacht, í ag fáil réidh
le brionglóid na mbréag.

Galileo's Daughter

Written by hand
in the presence of witnesses
in the old chapel of San Lorenzo;

there in the plumped up baptismal book,
the bare bones of her birth:

the name of the mother –
alongside the official submission
that she was born of fornication.

In sketches of the zodiac, he plots her orbit,
the momentum promised to his daughter
in the heavens' ledger; sees her face
splinter in the candle-lit lenses,

the quirks in her horoscope playing tricks
with the spyglass in his hand.

*

On the far side of the castle of San Matteo,
Sister Marie Celeste casts off a shower of letters
to her illustrious father,

the noble lord who provides her with board and lodging
in the convent of the Poor Clares. Her head bent,
she follows him in prayer to the ends of the earth

as he ploughs the furrows of heaven
under the spell of the sunstar. And even when he errs
in calculating the swing of the pendulum,

she sides with him in penance in a house
built on the axis of his sin.

Iníon Galileo

Tá sé lámhscríofa i láthair fianaise
i seaneaglais *San Lorenzo*
i Leabhar na mBaistí, lomchnámha a breithe:

a hainm baiste, ainm na máthar,
an admháil oifigiúil
gur as an striapachas a gineadh í.

I bhfíoraíocht na spéire, d'aithin Galileo
an cosán conaire
a bhí geallta dá iníon i mbealach na bó finne,

rabhchán neimhe ag nochtadh na lúibe
ina tuismeá
idir lánsolas na gréine is lagsholas na ré,

léarscáil nár chríochnaigh sé.

Ar an taobh thall de chaiseal San Matteo,
cuireann Suor Maria Celeste roimpi
cith litreacha a sheoladh chuig a hathair uasal,

a tiarna ceana a sholáthair dídean is bia di
i gClochar na gCláiríneach Bocht.
A ceann cromtha ar a cuid oibre, leanann sí

gan dícheall go foirceann na beatha é
ar a thaisteal
ag treabhadh na mórspéire faoi dhraíocht

na grianréalta, ceo na dáighe á scaipeadh.
Agus fiú nuair a bhuail coradh tuathail é,
gabhann sí leis i bhfeacadh glúine, i dteach
a tógadh ar fhuílleach a pheaca.

TROUBLING DON QUIXOTE

What can be said is this –
that Don Quixote (if indeed that is his name)
is looked upon as something of a halfwit
without a modicum of common sense, a man
somewhat past his prime, with the pallor
of old books on his face, from a village
the name of which escapes me.
He mounts an old hack and mistakes it
for a steed. His doublet is ill-fitting, his eyesight
poorly and playing tricks on him, causing him
to see advancing afternoon shadows
where there is only morning sunlight.
Worse, he picks arguments with knights errant
(much good it does him). Sometimes, he picks on
his own squire, or his mule, falling out over trifles
and leaving him without a leg to stand on.
As the squire has it, putting the world to rights
in a suit of mildewed armour and a makeshift visor
is a fool's errand, even if it happens sometimes
(rarely it must be said) that to be astride
and in the right place at the right time
might well be the cause of him tripping over a prize
or two (touch wood). Besides, if the truth be told,
he has some small regard for his master, and swears
(hand on heart) to keep him from the grip of shysters,
out of harm's way.
What cannot be counted on is this –
the readiness of a messenger to sound the alarm,
spread the sorry word of windmills
and tell it like it is,
or that Don Quixote (bless him) will resist
the temptation to take his squire for a ride.

Ridire na Gaoithe

De réir mar a chualas an scéal,
tá an seanbhuachaill Don Quixote
(más é sin is ainm dó)
ar a shiúlta arís agus é suas in aois,
cineál amadáin mar is léir –
is cuma cárbh as é.

Féach mar atá fionn na súl
ag cur isteach air –
sa chaoi is go mbíonn sé ag léamh
scáth na nóna mar sholas meán lae.

Nach mbíonn sé i gcónaí faoi réir
dul chun spairne le ridirí eile,
agus é níos measa ar fad ina dhiaidh?

Uaireanta, tosnaíonn sé ar Sancho Panza féin,
nó ar a sheanchapaillín Spáinneach.

Ach is nuair a mhothaíonn sé
muilte gaoithe os a chomhair amach
(ag spochadh as)
is ansin is mó a théann sé le craobhacha,
a cholg éirithe
in aghaidh sheolta an tsean-namhad.

Is cuma cé chomh minic
is a chuireann sé rith te orthu,
tugann sé faoi deara
agus é ag coinneáil shuíochán na hoíche
(ar eagla)
go scuabann siad ar ais líon a slua –
lá gaoithe.

The Weasel's Tale

If not reason, then rhyme – a world
coming over all queer,
all suddenlye turned topsye turvie

the fox outrun by daytime shadows
falling downwind from where the hounds
are speaking,

a quarry gone to ground, winded, spent, done
in by the scrapes and rub of the hunt;

the pushback that Spenser hadn't counted on
when luck was on his side. Badgered by a past
that even his alter ego would baulk at naming –

a mercy to bury the doings that never would or
ever could be drowned in another's prayer.

Reckon it as sport, the gilt-edged
thrill of the chase
hung in hall or drawing room –
not so much a gallery as a trail all the way

back to the glint and gold
of thicket or winter ditch, with no sign

of bloodhounds to disturb the civilities
of scent and sound –

the spin of a nib
in the inkwell of history
        as the great eye of heaven,
I tell you, I tell it like it is
        with no word of a lie.

Scéal na hEasóige

I gcuimhne ar Edmund Spencer

mise a chuir clóca faoi do chosa
agus pósae i do lámh,

mise a scríobh d'ainm sa phuiteach
idir an tuile agus an trá,

mise a d'fhág do bhaithis sa chlábar
idir an talamh agus an snámh,

ní laoch gan éifeacht mé.

Má tá racht farraige
ag cur muirn chogaidh abhaile orm,

níl ann ach dallrú. Agus más rian fola é
dearg na mallmhara,

ní fhágann sin daor mé

ach an oiread. Agus sás ar theanga na tíre thall?
Ní mise is ciontach leis,

mise a scríobh rannta i ngaineamh reatha
mar sheasamh ar mo chás,

ar eagla íochtar ifrinn, ar eagla na fala thuas.

On the Run

Having it on the word of a double agent ranks next
to nothing in the curlicue of the copper plate, a flourish
in the index of rumours passed from hand to mouth:
                                        a penny's-worth
marking the Earl, now astride and galloping westwards,
now dismounting to make for the summit of Tulach Óg
bearing the impediment of a lost child and a rigged ship
                                        at anchor in the lough:
climbing now to the roar of *O'Neill,* beholden to no one,
lost in the hearsay of hostings, the chiselled cut of his features
showing up in etchings and in the calendar of state papers,
                                        before the time ran out; before
a riderless horse with bridle and slackened reins drifted away
from the foreshore; before the tongue's wag and a run of luck
had spelled it out in letters of patent, in plain English.

Teastas an Iarla

Drochspéir os a chionn, bhí dualgas a thuilleadh
le cur de

ag an Iarla, sula ndeachaigh sé thar sáile –

oilithreacht dheireanach go Tulach Óg,
dúil aige bheith ins an áit inar gairmeadh é

mar thaoiseach, a fhocal fialmhar
tugtha in athuair go bhfillfeadh sé

ar a oidhreacht, cé suíomh an rí ina smiodair
agus na scamaill reatha á chiapadh,

ós aingeal na cléláimhe ag leac a dhorais.

Drochspéir os a chionn, cloiseann sé
seachlabhairt Chionn tSáile,

buíon an Bhéarla lena shála, eisean
fós ar aire, ag breathnú amach roimhe,

a chlaíomh ag lonrú ar chreaga locha,
a sheasamh breactha i reanna neimhe

an gealltanas ann go dtiocfadh sé ar ais
faoi neart,
                                        rí ar an imscaoileadh.

Phoenix

'Easter Rising memorabilia auction hit by poor demand ...'
– *The Irish Times*, 13.2.2016

It was the songs, the anthems that did for them,
the sheet music with yellowed edges coming in
as lot number seventeen in the catalogue
a bargain to be had
with *Somewhere a Voice is Calling*
or the *Rose of No-Man's Land*, chorus after chorus
that went to their heads, sent
them spinning over the top. And somewhere
the Angelus bell and the small arms fire
go head to head, the warning shots
ringing out, a thunderous gunship on the Liffey,
eighteen pounders
on their way upstream, a grim perambulation
pushing past the hand-to-mouth agonies
of tenement slums;
the brass casings thrown up at auction
or in car boot sales,
going, going, gone for a song.
Above in the Phoenix Park, Her Ladyship
notes the all-clear, the calm, the tragic cast
of this Beloved Land, the toss-up
between the emerald taffeta or the crimson silk:
colour could get you killed in a time like this
and on the flipside, colour draining from the faces
of the few, a white cloth pinned squarely
to the chest, the coup de grace, a bullet to the head
no drums, no uilinn pipes, no last rites:
finis, kaput, il n'y a plus
and the baton up for grabs, to be sold for a figure
undisclosed. A lick of paint on the postbox.
New lamps for old.

Tine Chásca

Agus tuige nach bhfuil éisteacht tugtha
don chuach cheoil –
do thrup cos na bhfear faoi dheifir
i ndiaidh phíobaire an bháis

ag dul ar slógadh
céim ar chéim le banna práis
agus drumadóireacht, seanphort
a mhealladh chun ifrinn iad,

bíodh is i ndearmad a scéal.

Agus iad ag máirseáil ar sodar,
b'éigean dóibh gur chuala siad
clog an aingil ag bualadh amach

thar abhainn,
thar cuan
thar chuairt na cathrach
ag bualadh amach sa chrosbhealach

b'éigean dóibh gur chuala siad
caoineadh ársa eile ag íor na spéire,
béal binn na saoirse ag tógáil cinn i measc
iad siúd gan seilbh ná eile

an éisteacht chéanna i mbaol a pléasctha –
nár mhothaigh siad
an roth mór ag dul ag casadh agus
tine chnámh á cur
le tost corrach na tíre.

Icarus Adrift

There is nothing to be said
(if I may say so)
about the starstruck figure of Icarus

launched into space by a labyrinth
of artifice, the dream
of clouds hosted by a piebald sky.

On waxen wings,
he lays his feathers on the milky way,

a revved-up enthusiast of sunlight
bringing chaos to the cosmos

without feeling in his feet
to ground the ploughed currents of air,
or gauge the moon's tail.

Let's say that he's lost it –
the blind songster of the sun (bless the mark)
learning how to die in orbit,
on the pillows of slow motion –

his portion melting away
from the outstretched hand of heaven,
the potter's slab of clay.

ICARUS: IDIR AER AGUS UISCE

Ó dhroim leathan Icarus
níl tír ná talamh le feiceáil

ní mó ná luch féir i bhfolach,

ná na neascóidí dubha úd
ag líonadh in íochtar spéire,

(dá n-abrainn é).

Ag réabadh dhoras na bhflaitheas dó
ar chleite céarach gaoithe,

Icarus ina ollamh le solas
ag dul as a chraiceann

ar bhruach na huaighe thall,

fear gan fód, gan fearann
ag glámadh ar eireaball an lae.

Fágaimis gur chaill sé é –
file caoch na gréine

(slán an tsamhail)

ag foghlaim an bháis
i measc rinceoirí dubha na réaltaí;

a chuid díleáite –
idir léas neimhe agus corcán cré.

CORONA BOREALIS

With eyes wide open, Ariadne turns
in on herself, turning her back
to the open door and the sound
of receding footsteps.
She's aware of sunfall
shaving the mosaic floor, a hairline
crack in the pillar.
She's aware of blackening sails, a pull
on the ocean, the onset of evening.
Soon, she will turn
to stone, as statues do in the dead of night,
Sinking deep into her own ground.

Sorrowful …
est anima mea.

How many hours have passed
since she first took, between forefinger
and thumb, a single strand of thread
and laid it carefully
on the labyrinth floor
weaving for his feet a bridge to bear
the weight of his *hope-against-hope*?
When Theseus absconded,
he brought with him her store of words,
the spun thread. With verbs dying
on her lips, she had no way of telling how
her name would constellate
in the heavens, a *benedictus* bearing into space
the *mot juste*. A say in the matter.

Saobhghrá

Nach é an feall é gur chas sí amhrán grá
gan trácht ar an gcurfá –
Iníon ionúin de gheall ar imeacht
as amharc ceansa a hathar, agus

lombharróg a deirféar: ábhar éachtmhar
dá máthair,
í fágtha báite i mbrón. Ach ní raibh aoinne
ní ba ghaire dá croí ná Téiséas:

féach gur leis í
nuair a tháinig a rámhlong isteach
ag tarraingt cúrán bán cois trá,
agus an chaoi ar thit sí i dtromchodladh

ina dhiaidh, agus é ag cur an oileáin de
faoi gheasa a dhearmaid.
Uaireanta, agus a ceann ina chíréib,
do chuala siad

uaillghol ag teacht as ucht na gaoithe
ag éirí óna croí istigh.
Is ar éigean a dhéanfas sí
barr an tsléibhe,

(trithí goil ag briseadh uirthi),
searradh á bhaint as a súile
féachaint an dtiocfadh sé ar ais;
snámh a smaointe ag rith léi

i dtreo na bóchna móire –
(í ag coinneáil cáitheadh na dtonn óna gúna)
ag gol is ag gearán
nó gur bádh in uisce a cinn í.

Cleared for Takeoff

And for starters, before you find yourself at the gate –
pick any place on the level and kneel on tarmac,
on gravel,
on copycat cathedral pavements

on such and such a day

and prior to liftoff, ask for the gift
of safe passage and carriage for your guardian angel
on the long-haul flight

while praying in a crowded lounge for the grace
to take it in, the pitch for a third eye

or whatever it is that makes you
game to act as witness

to announcements on the intercom for a last call,
the hex of garbled talk and what was said, over and over
until every verb was heard or second guessed.

In all probability

the light bouncing off the page
that you propose to write on will have changed
with your seat in an upright position

the words
you might have written are reading like a schedule
on the ingrained surface of the runway, a shift counting
for nothing
if not the play for what might have been
turbulence, or even touchdown.

Go Deireadh na Scríbe

a haithle C.P. Cavafy

Roimh sheoladh duit ar mhuir mhór do thurais,
iarr achainí ar Dhia go mba fada slán do bhealach.
Agus iarr achainí ar Dhia nach gcaillfear le scanradh thú:
ní baol duit déithe bréige na spéire
                    ní mó ná deamhain faoi thoinn.
A fhad is atá lóchrann os do chomhair, ní bheadh a leithéid
faoi scáth romhat: déithe bréige ná deamhain aeir

muna bhfuil an dubh ina sheasamh ionat
muna bhfuil sé i bhfolach i do chroí.

Go mba fada slán do bhóthar.
Go mba mhéanar duit do léim
                    in áiteanna diamhra do-eolais,
do bhaslach ag bíogadh faoi choimirce neimhe,
éascaíocht rí i do ghlac agus tuilleadh
                    as iothlainn na gréine –
ómra na chéadmhaidine ag taitneamh i do ghleannta.

Go mba mhéanar duit do bhealach,
ach bíodh an trá thall i gcónaí i do cheann,
                    mar is ann atá do thriall.
Agus ná bíodh síneadh ar bith ort –
más folamh do dháil faoi dheireadh, ná fág
ar cheann do riain é,

murach an turas, ní bheadh fáilte abhaile romhat
ná do líonta lán de sheoda cuimhne –

Go dtí deireadh na scríbe, ní fheicfidh tú snáth geal
                    na slí ag dealramh i do dhiaidh.

Kaddish

i.m. Katherine Nuala Heenan

'Here comes the candle to light you to bed'
(Oranges and Lemons, nursery rhyme*).*

A word in your shell-like, my lovely –

now that you've upped and left, popped your clogs
    and joined the rest of the brown bread

on slabs in Her Majesty's morgue
    a stone's throw from the dock gates

awaiting repatriation, most like, though not on the grid

    of old maps and pathways where children
of the famine Irish play barefoot in the snow, where

the bells of St. Mary-le-Bow ring out and fill the mouth
with sound, the twelfth bell hung for curfew

and the Song of Simeon: *now Lord let your servant go in*
    peace according to your word.

And say amen, when the ghostly quorum gathers again
and again to say kaddish for the soul of the docklands

and beyond. And say amen as the fog is lifted from the
wharves and the Ripper's port-of-call.

And say amen for the jellied eels and the gin. And for the
script you wrote in the dust of backstreets and alleyways,

the steps and stairs, a wave as you up the apples for a kip.
And say amen.

Paidir na Marbh

Gabh i leith, a ghrá, agus tú i do chorp –
dhá cheann na coinnle dóite a't,

I do luí anois gan bhaol ar múscailt,
agus lus na hoíche mar bhláth i do lámh,

is mithid dom labhairt, ach
tá do long nochtaithe i gcuan na marbh, réidh
le himeacht.

Cogar, 'bhfuil do chuimhne imithe glan?

Nár mhothaigh tú trup na cosmhuintire ag dul amú
agus tú ag siúl fad na sráide leo?`

Tuige nach bhfuil tú sásta coiscéim poirt a dhamhsa
in éineacht linn uair amháin eile
agus na seanrannta ag casadh fós i do cheann?

Agus deoch an bháis ólta a't, níl againne
sna cosáin dhorcha seo ach do chló

neamhfheiceálach

cré na mbeo ag dul ag damhsa le ceol na sráide,
an ceol céanna a mhaireann i do dhiaidh

fiú i ngáir féin na heaglaise.

Éist, tá clog na marbh ag bualadh ar do shon,
idir dubh na hoíche
                                        agus an lá bán.

Single Combat

after 'The Dream of the Rood' *Old English poem, c. 8th century*

1

By reason of the vision that haunts me
in the nooks and crannies of sleep, in the downbeat
of the night hours –

tell me that I'm dreaming or feast your eyes
on the purple tree beneath a blood-stained banner,
a backwoods tree enkindling the fireclay

of every face. And even though I was street-wise
and sickened by the jaded narratives of the arcades,
tell me again that I did not see an axle-tree

raised in sacrifice, towering in the sky.
Did I not see gemstones radiant on the crossbeam
lighting up the four corners of the earth?

And even though I was running scared, afraid
of ancient ordeals as blood spurted red from its side –
the sight of which galled me –

even so, did I not see mood-ribbons
of the sun-star soaking up the bloodied wounds,
turning them gold?

Aisling na Croiche

1

Fág seo! Ná tréig an bhrionglóid a tháinig chugam fad is a bhí
domhan na cainte i mórchodladh na hoíche.
Foilseoidh mé é.

Éist. Nach bhfaca mé crann dúchorcra
faoi bhratach
órdhearg crann coille le bachlóga órga ag lonrú
ar bhaithis croí agus doimhneacht cré?

Agus cé go raibh mise bánaithe le chuile shórt
de shalachar is d'fhulaingt,

nach bhfaca mé é an crann is áille ardaithe
mar íobairt crann ag foluain sa spéir?
Nach bhfaca mé gealadhmad an bhua
ag tarraingt chuige iontas na ndúl?

Agus cé go raibh mé faiteach faoi naimhde ársa nuair
a scaird fuil as an taobh deas de an fionnradharc
sceirdiúil ag goilliúint orm,

fós féin nach bhfaca mé ar mo thriall
na tinte cnámh ag síorathrú ó léargas fola
go brat fial seodúil na síoraíochta?

2

Hard to say how long I stared stockstill
at the hilltop tree, when it appeared to speak:

As long as I live, I will never forget the way
I was felled from the forest floor, manhandled
from the roots by those who shouldered me

to the gallows hill where they made a show
of me. It was there I saw coming towards me
the saviour of the world, destiny etching his face;

on that wretched day, my power to protect him
was set aside, the young hero at the ready
with only a shield of stillness; I stood with him.

I raised the king of heaven beyond the jaw-bones
of endurance. Under a fretful sky, they pierced me
with a fantail of nails. I listened to their mouthings,

heard the earth take fright, watched the god of ages
stumble. The world shambled into darkness.

Christ was on the Cross.

With courtly homage, his warriors took him down.
That much I saw. Nothing would stop them
from carving a marble cot for the son of God,

lost in single combat. With the fall of night,
they began the lamentations, keeping watch
with the noble Lord in his deathsleep,

2

B'fhada liom   lán mo shúl
sáite ar an gcroch-chrann   gur thosaigh sé
ar fhocail a rá:

Fad is beo mé   ní dhéanfaidh mé dearmad   ar an gcaoi
ar stróiceadh mé   as talamh na coille
ina raibh mé réidh daingnithe.
Rugadh greim láimhe orm   searbh an tadhall dom

nuair a thug siad   ar a ngualainn mé
go barr na cruaiche;
ar an maolán lom suarach   ruaimnithe le fuil na croiche
rinneadh
sceimhlitheoir díom.

Is amhlaidh a chonaic mé   cosantóir an domhain   ag teacht
faoi mo dhéin   an chinnúint ar a cheannaghaidh;
ar an drochlá sin
bhí cosc ar an gcumhacht a bhí agam   titim anuas orthu siúd

a bhí i mbun an chéasta; bhí an t-óglaoch caoinbhéasach réidh
lúireach na leasa á neartú,   sheas mé leis.   D'ardaigh mé
Rí na bhflaitheas thar fhearann na teolaíochta.

Faoi spéir choipthe   ghéaraigh siad mé le tairní dorcha
's rinne siad
magadh fúm   thit an tóin as an dúchas
d'airigh mé Dia na Slua
ag fulaingt   chuaigh an domhan i nduibhe:

Bhí Críost ar an gCroch.

the broken body of Christ growing cold.
Then those others cut me down, at first throwing me
on the scrapheap. But word reached his friends

who came hotfoot to find me, to cover me over
with silken tassels, silver and gold; a dazzle standard
from the right hand of God

draping the faces of naysayers and avatars –
the all-powerful Lady by my side – honour bound
to bear in mind the two of us together

since he had stood his ground. In turn,
I put it upon you to summon this middle earth of ours
with elegance of word, and straight talking.

Le hómós lách thóg lucht a leanúna anuas é chonaic mé
an méid sin ní raibh cosc le cur orthu
shnoigh siad leacleaba
do mhac Dé caite sa chomhrac aonraic.

Le titim na hoíche thosaigh siad ar an gcaintchaoineadh
níor thréig
siad é an tiarna diongbháilte ina bháschodladh corp
cruachásach Chríost ag dul i bhfuaire.

Faraor! Leag siad ar lár mé agus caitheadh ar an gcarn
aoiligh mé. Ansin cuireadh scéala chuig a chairde fúm;
chlúdaigh siad mé le seoda luachmhara
ór agus airgead.

Is mar chomhartha deiseal Dé a chuir crannlaochra an tiarna
mé in iúl Muire uilechumhachtach ar láimh liom
treoir a thabhairt
don lucht tuathail óir sheas sé fód an bháis.

Cuirim faoi gheasa thú fianaise a thabhairt
le cumadh focal
an mheánchruinne s'againne a mhealladh agus trí chamchosáin
an domhain slí na fírinne a bhaint amach.

3

Until the day I die, I will tell the tidings
of the gallows tree in the outreach of my exile,
in virtue of its shining

which enthralled me in the night hours
when I beheld the noble Lord in a place of holocaust,
now gone back to his native land.

3

Go dté mé i gcré   mórfaidh mé   an crann
fordheargtha   faoi bhrú ghliondar croí
mo chuid den saol   ag brath ar a dhealramh,

cosaint na Croiche   ar mo bhaithis   ó chas mé
ar an tiarna   mar anamchara dílis   in áit
na caithréime   é fillte anois ar a áit dhúchais.

Athchóiriú ón sean-Bhéarla 'The Dream of the Rood'

New Inklings

GAOTH AN FHOCAIL

MATRIX

You've long supposed
that you're not the only one in the room

that lurkers listen in
as you stay plugged to the code
flickering in a corner of the cubicle –

an old familiar scrolling around
in your head
or a hacker on the far side of the firewall
where the story ends.

You can't prove it of course
but sometimes you can hear the footsteps
in real-time shuffling around upstairs

unless it's from your cache of sound effects,
the virtual comic strips on the proxy server
that you double down on, the framed questions

posted to an online forum, a new thread
that loops back to the echo chamber
where you started out

surfing for the answer; a trigger
from the ghost in the machine that still bugs you

as you carry on whispering to yourself
in a room without walls, without windows.

Gafa

Abair os íseal é nó ná habair é

is cuirfidh mé geall leat, is tusa
an t-aon duine amháin istigh anseo,

seachas babhdán i bhfolach, eisean
ag cúléisteacht

ar nós samhail choiteann
neadaithe le fada i do cheann

nó scáil choimhthíoch
ag tógáil cinn san oíche –
ag iarraidh cor a chur ins an scéal.

Níl taispeántas ann,
ach uaireanta tá rince na bpréachán
le cloisteáil thuas staighre,

neach éicint (is dócha) ag tarraingt na gcos
trasna an adhmaid –
ag tarraingt na ceiste ina dhiaidh.

Chuirfinn ort freagra a fháil,

ach is cuma leat sa donas, bíodh
is go bhfuil tú bogásach gan é

agus lánsásta leanúint ar aghaidh
ag cogarnaíl leat féin,

gan acmhainn agat
solas an lae a fheiceáil
sa seomra dorcha seo, gan falla,
gan fuinneog, gan doras amach.

Birds of the Glove

'Turning and turning in the widening gyre
The falcon cannot hear the falconer' – *W.B. Yeats*

The way a break in sound transmission is down
to some mishap of wind or weather,
the crackle of radio waves faint as a heart cornered
by goshawk or golden eagle, drowned
in static, drawing you further out into rough terrain,
your left hand open, left empty for the hawk's return,
your gloved hand, braced, steady as she goes.
And not a dickeybird on when the vultures began
to hover overhead,
or when at some ungodly hour the weathercock
toppled and became a soft plop in the undergrowth –
deaf to the crosswinds it swung on
and how it takes something like a sixth sense to kick in
before the game plan hatched in yard or mews
shows up as threadbare in the wild,
or the way false faces and lookalikes, clones,
clowns and icons that go by the name of legion break
cover and act as decoys to throw you off the scent
gulled by birds of a feather –
carriers and scavengers lamping for prey,
codenames below the radar, a tittle-tattle
to cover their tracks,
and the wind in a tailspin, the aftershock of fur
and feather markings, small fry fooled
by the fowler's snare, the snag of heavy weather,
the line gone dead. And still, and still as held breath,
the falconer listens in on the night watch, waiting out
the long sleep-in, lets the hare sit.

Cogarnaíl Chainte

Anocht –
agus doras na síne ar oscailt

an tocht tagtha i nglór na gaoithe,
dearmad ar-líne, agus

lámh chnámhach ag síneadh
trasna na spéire.

Anocht –
tá codladh corrach ar an domhan,

an t-amhras ann
go bhfuil rud éigin gan aithne

ag éirí as a leaba dhearg,
bogthorann as alt

ag teacht faoi mo dhéin, b'fhéidir,
nó ag imeacht ar fán.

Anocht –
tá fear faire éan san airdeall
idir aer agus uisce,

éanlaith allta an aeir ag éirí chuige,
imithe as raon a ghutha –

codladh lae
tite ar an gcine daonna

glas ar chogarnaíl na hoíche.

NEWS FROM TIBET

concerning rumours that the world will end
when every name of God comes to light –
even the monks doing their sums on beads
of the abacus can't see how the letters add up

from the ins and outs of the alphabet, a gambit
spun by cleft palates of inflection and accent,
nicknames shot from the bow-tip of every tongue,
each time missing the proper noun, the one name

that keeps the juggler on his feet, a kaleidoscope
of coloured balls freewheeling above his head,
working the spectrum to the power of three,
or the cartoon animator who swears

his puppets lose heart when lifted from printouts,
lacking the tremor of an artist's hand.

Out on the worldwide web,
search engines cut a swathe
through pages of sacred names

to come up with the word
in double-quick time, the list
of hits amounting to millions,
and counting …

Small wonder that we camouflage stars
in stills and movies, taking every *alias* at face value,

stage-names which throw us off the scent
in figures of nine digits, all on the right-hand side

of the number line, keeping us close
with heavy eyelids; all looking the other way.

Scéal ó Tibet

Tá an chontúirt ann
go gcuirfear críoch leis an domhan
nuair a fhaightear amach
chuile ainmniú a bhí ar Dhia riamh.

Mar sin féin, thug na manaigh faoin obair
lá i ndiaidh lae,
ó cheann ceann na haoise.

Rinne siad ar thalamh lonrach na spéire.
Tharraing siad ainmneacha

as camchuairt na gaoithe,
as scornach na farraige móire,
as cúlfhiacail na cruinne.

Níor stop siad go dtí
gur tháinig lucht na ríomhairí ar an saol,
gur chuir siad an cúram orthu,

gur bhain siadsan amach
i stracfhéachaint súl,
chuile ainm don Chruthaitheoir a bhí ar fáil –

an focal deiridh
a leagann marbhfháisc ar an teanga
agus cársán an bháis i mbéal na gaoithe.

SETTLEMENT

as though flummoxed out of the air and planted
on a hillside
in Connemara –
a church that might have graced some fine
municipal square
in England, or beyond,
and a name that says *Salruck,* not one to slide easily
off the tongue
and likely lost
in the scuffle between languages;

a scribble on the inside cover of a marked copy
of the *Book of Common Prayer*.

Nobody could say they weren't up for it,
game to carry the word
onward in the face of prevailing winds,
the call of duty filling empty pews for
morning prayer and evensong,
their hearts uplifted by sturdy hymns of praise,
and going strictly by the book on a mission of mercy
to those others
of vain faith –
the writ of psalms and stirabout and soup.

A heartbeat, it seems, and they were gone. What's left
is a church going begging
with no takers to speak of; and however hard
the ear strains,
not a trace can be heard
of their acclaimed anthems, even if
the glad-toned harmonium
that kept them on pitch
now keeps a recessional silence
halfway down the aisle.

Socrú

Ní mar chuireadh don saol é –
an doras isteach chun na heaglaise úd
ar oscailt i ndearmad,
    tréigthe ag Dia is ag duine:

fothrach uaigneach ina sheasamh fós
i measc na luachra thall,
ag dul chun raice i gceantar iargúlta
cois trá
faoi chontúirt chlaonta, faoi phlá luch

crochta ann mar chomhartha ceiste,
gan freagra le fáil ar talamh nó ar neamh
i Leabhar na hUrnaí Coitinne
nó eile.

Ullamh agus ábalta 'bhí
lán de dhúthracht agus de dhícheall croí,
ar lasadh le teagasc agus maitheasaí Dé,
ag déanamh gaisce le haitheanta na Cré,

ón gcéad lá riamh a tháinig siad.

Má bhí dath coilíneach féin le léamh ann,
nach raibh tuilleadh ar fáil
dóibh siúd a bhí réidh –

anraith te agus leite ramhar,
scolaíocht agus foghlaim ón Leabhar;

ach lámh amuigh nó lámh istigh,
folamh ó chiall ní raibh siad, mar is fada
ó chéile iad
                    bia agus nimh.

From this angle, it could have been a set construction,
a theatre
abandoned after the last performance
with all the props
still in place,
even down to the blackened paschal candle.

And though they left aloft the brass plaques
to commend the valiant dead
who fought for king and country,
it was not this country.
Not by a long chalk.
And not a prayer away
the damned lazy-beds stand their ground,
jogged into consciousness by an April sun,
and the slow air of old narratives.
In dogged memory.

Ní nach ionadh gur fhág siad é,
an séipéal a thóg siad ar seachrán

le díograis agus le hoibreacha Dé,

gan iomann ceiliúrtha a chanadh
ná glas (beag is fiú) a chur ar an doras –
iad go léir anois mar an gcéanna
iad uilig
                                        ag déanamh cré.

The Name

that stuck was not hers but if anyone knew otherwise
they never said, just that she was an oddball, an outsider
by choice, a figure from the edge of town

such as you might see in a Breughel print, hazy at best,
almost invisible, as she is now, her back turned
to the artist's palette knife and to any words of mine.

In a townland of many syllables and verbal ricochet,
she was the stand-off, the space between lines, a smudge
in the margins, a full stop.

Chances are she too would have raised a hand
when a name she took to be hers was called out
from a school roll-book, and the stress of a single word

anseo meaning here, present and not absent to a regimen
of sums and spellings. Setting her up for life

An tAinm

Bean gan ainm
gan fiafraí siar uirthi
sa cheantar

muna gcuireann tú leasainm
san áireamh.

Iomhá i gcuimhne na ndaoine:
ise ar scoil ag am ghlaoch an rolla,
a lámh thuas, focal lom cosnochta
'anseo' le cloisteáil sa tost.

Í fásta suas, ina bean, ina cónaí
ar an gcúlráid, tigín uaigneach
i gcluas an bhaile, gan chomharsa,
gan chuideachta, na cuirtíní dúnta.

Na milseáin a cheannaigh sí
lá an mhargaidh (ar eagla)
chun ruaig a chur ar ghráscar páistí
agus iad ar thóir gáire.

Tá an leasainm fós san áireamh,
an t-ainm ceart ar ceal.

ON A WINTER'S NIGHT, A TRAVELLER …
after Calvino (1923–1985)

knows that the world is November and it's raining
and the last train is gone,

that fellow passengers have made their connections
or have arrived and left the platform

where he stays put like a late-night conductor
with his collar crunched up

craning to where interlocking lines will cross,
a whistle stop down the line,

his face set to break into the margins of a page
of manifests and schedules, then trails off

in parentheses … beneath an exit sign;

or, on a winter's night a traveller

shunts in an inside pocket for the stub of a ticket
that, punched, will take him past

the junction in time for the next leg of his journey
even if it's standing room only –

the floor space for his holdall thrown in –
and what's there to do except

signal the whitened blot in the fogged-up window
that valves his own face,

a gauge that threatens to derail him –
losing track of where he was heading for, and why.

Fáthscéal

Leath bealaigh ó bhaile,
ar an taobh thiar den ghabhal –
féach mo dhuine ag guairdeall ar an ardán –
cruit an gheimhridh air,

ag fanacht ar an *loco*
nach bhfuil ag teacht choíche;
fear cuasleicneach i bhfásach na hoíche,
feadóg na traenach geallta dó

agus lóchrann na cruinne
gan a bheith múchta.

I dtámhnéal an tséasúir, airíonn sé
traein ag falaireacht isteach, gan stad,
a scáth féin neamhnithe
i mbóchna phlódaithe an charráiste,

é ag gliúcaíocht trí cheo na fuinneoige –
a scáil bánaithe, a bhaithis
ag dul i ndearmad, ar nós
dúcheist choimhthíoch ar fán:

tuige nach bhfuil an caife ar oscailt?

Sa stáisiún tuaithe seo, mothaíonn sé
seanbholadh caife agus na sluaite
ag fanacht i measc reilig na huaire, iad uilig
ag brath ar stad traenach.

Cé a shamhlódh é

nár airigh sé an dubhoscailt
is an traein imithe air?

#JeSuisBozo

It would take them,
the whitefaces with noses made of putty
and painted red
to see in a funny kind of way
that the clock the town swore by
was two-faced and a liar;
a past master in the art of winding them up.
That woman who counted herself lucky
not half an hour ago
is now out on the side streets
calling for her lost child,
combing the darkness for shadows;
and that man – more *auguste* than clown –
who might have pulled it off
given a stay of execution
hears a door slam for the last time:
finally gets it that there's no way back.
But it would take more than a mirror to see
the hands in gold leaf going hell for leather
in the wrong direction
or the mesmerised souls of the dead
dragging their heels into the pitch black
of a vanishing act.
So what would it take
for one more gala performance
to exceed your wildest dreams
if not jugglers
with too many balls in the air scrambling
to a stopwatch and the crack of a whip
or the split-second timing
of an acrobat on the high wire, clock-
wise or otherwise?
For Bozo, for now, the dumb show rumbles on.
Same routines. Same old ding dong.

#Mise Bozo

Is mise rí ar an draíocht
('sé liúdramán mo chúpla)

an cur i gcéill ar aíocht i mo chroí,
is is liomsa na cártaí cúil –

crith ag rith ar scáthán láimhe
faoi dhúrún na hoíche

an t-ádh ag damhsa faoi mo bhráid

nó na scéalta á léamh
faoi gheasa chlog cam na sráide –

bean (abair) ar thóir a linbh
ag cíoradh na háite gan mhaith

nó fear ag bualadh ar dhoras folaithe,
dúnta go deo ina choinne

gan coinneal le lasadh acu
ná paidir le rá –

ach

is mise an deamhan coimhdeachta
agus gáire i mo ghlac.

I scáthán an dá thaobh, féach an clog
ag dul tuathal,
cleasaíocht na lúibe ag druidim
inár gcóngar;

seó bóthair (thar fóir) ag tarraingt
ar an lá, lán leis an draíocht.

URBAN DECOY

A night
of dreams beyond the seer's expertise.
but the hankering after distant lands
makes one more ragged appearance and you die
to leave, as if what you see
is an eyeful of Ithaca waiting for your arrival
and a key to some door other than your own;
a covenant of sorts, a film of myth over bare fact,
the unseen over the set text
poetry over prose

but come morning
and what the cold light of day shows you wearing
is the unbuttoned coat of a ghost
settling for familiar haunts light years away
from the city that you badger
in your dreams, since there is, anyway, no such place
that I know of, or that you can vouch for. Maybe
it did sink like Atlantis below the waves.
And maybe it never existed.

An Chathair
a haithle Cavafy

Dúirt tusa liom: rachainn thar lear
go bhfeice mé cathair eile níos fearr ná an ceann seo.
Níl i ndán dom ar m'urlár féin
ach reilig na mbeo: tá mo chroí i gcré is m'aigne dreoite.
Trí fhabhraí na súl, mothaím
fothrach dubh mo shaoil i m' áit dhúchais,
agus capaill na mblianta ar lár.

Deirim leat: ná cuir turas in aisce ort féin.
I dteach na muintire eile
níl ann ach an seanbhlas céanna, an seanbholadh:
conairt na seansráide ag scamhadh i do dhiaidh.
Más drámh é do shaol anseo, is amhlaidh a bheas sé thall,
leagtha amach duit ins an chraiceann dearg céanna
ní mó ná mac mioscaise eile.

Photograph

Who would have thought
that a detachment of the SS
would call for a stop on a mountain road
to pick wild flowers just for the hell of it,
for the sake of the Party?

They are unobserved
except for the idle glance of mountain sheep
moving away in lopsided convoy,

and the fixed stare of the camera.

Only the darkroom of history
records the interlude –
the skull and crossbones on their collars,
the polished jackboots.

Who would have thought
they had it in them?

But the camera doesn't lie and the stock solution
has done its work, drawing negatives out of the dark –

the play of black and white where soldiers
of the Fuhrer
are captured in the act of gathering flowers.

Grianghraf

Triúr in éide an SS –
ag piocadh na mbláth ar thaobh bóthar sléibhe

lá samhraidh sa Bhaváir agus iad ar saoire,
ag tabhairt sos dóibh féin ar a mbealach siar.

Níl mar fhianaise orthu ach súil na huirlise
agus aird dhall na gcaorach.

I seomra dorcha na haimsire,
féach púca na gcumhacht ag snámh chugainn
aníos as an éatar

blaosc agus croschnámha,
buataisí dubha.

Dubh agus bán, an grianghraf –
an t-iompar scéalta ina sheasamh mar fhianaise
ar lucht na láimhe clé

Ár dtubaiste leis –
nach bhfuil sé chomh maith dúinn é a fhágáil
as cuimhne

agus an diabhal saolta gafa againn,
dochtcheangailte i dtóin poill na cruinne?

Double Exposure

When we looked to find a photograph
that went to the heart of you,
there wasn't much
to go on –

taking you at face value was always a gamble
and those Sunday faces you made for the old instamatic
on a country road with whitethorn likely at your back
leave us only with snaps
that draw a blank, and still outstare us –

though not so much a stare, more a listening
for an echo beyond the depth-of-field, the tug
of some familiar air you were well used to,
and used to turning your back on,

for fear it got in the way
of the get up and go
that fired you, skittish, mad for road.

Even off camera, there was only so much
you gave us to understand – call it what you like,
reticence or the tactics of a card player.

Ghosted now in sepia tones, we watch you
watching us back
with no sign then of the rogue cells
that would come to trip you up

and for all your fine talk, a picture framed and taken
on a summer's day somehow shows you up
as little more than an accident of motion blur
still out of focus when lifted from the tank, and fixed.

Crosbhóthar

Abair é …
bhí tú i gcónaí ag tónacáil
as ár gcuideachta

as baile

an tarraingt súl le feiceáil
chomh fada siar is is cuimhin liom.

Ins an phictiúr donnrua, is tusa an gasúr
ar an imeall, ar chlé

an sceach gheal taobh thiar díot
ag teacht i mbláth
tráthnóna Domhnaigh i mbéal an earraigh,

tú chomh giongach le searrach
i dtús rásaíocht an tsaoil.

Anois …
agus tú sciobtha leat leis an mbás,
níl againn mar dhilchuimhne ort

ach cruth a thaganns chun cinn
sa seomra dorcha,

an dúcheist chéanna le haithint –
do cheannaithe faoi scáth

ceal solais,

tú ag breathnú thart, crith ar an bpictiúr.

OFF-CUTS

IARSMAÍ

Outfoxed

so don the dunce's hat where once
you wore a crown

take it from those in the know –
a toppled king of royal stock
kept in tow by the cap and bells
of a clown –

a lackey of low stature
leading his comic overlord
by the nose
backstage from courtiers and folks

of every rank
without as much as godspeed
or a backward glance

from brats and upstarts, and the night patrol
of a badger or fox, the print
of chew marks on windfalls.

You could be forgiven
for telling the world how they took you

for a fool, your own flesh and blood,
talking gibberish to the north wind

and its sidekicks,
insisting to all or any who would listen

that you are still their king, even if
a jester's repertoire eats into your heart, even if

it's only make-believe.

Seachrán an Rí

Is rí mórga mé go fóill,
cé go bhfuil amadán ó thalamh ag creimeadh mo chroí.

Nach mé an liúdramán acu,
iad siúd de mo chuid fola féin a sceith orm?

Nach díol trua mé,
agus aghaidh na dallsíne i mo ghob,

an oíche anuas orm? As béal na gaoithe
ní mó ná tóin na spéire, níl nimh nimhe le fáil

níos measa ná an feannadh a fuaireas
as lúb thuathail a lámh. Le chomh glic is a bhíos,

níor mhothaíos slíomadh focal
ag déanamh creille orm agus iadsan i gcrúba an diabhail.

Ar bharra creatha, impím anois an dídean
is dual dom as an ngaoth anoir, nó fiú foscadh

as an bhfuacht. Ní rí mar dhea mé,
ach tá amadán ó thalamh ar thaobh na gaoithe orm,

ag cur leaca le mo chluas.

Song to the Moon

after Dvořák

It wasn't just that they warned her
against going with a human and leaving the track
of her foot on solid ground,
or that she stood to lose her voice
in a continent of vowels,

so that he would never hear her laughter
or the words of love
she might tease from a scrabble game,

after making them up in her head.

And it wasn't just that he was a man of the world,
a prince to every eye, a deer hunter tuned
to the whiff of the wind and always on the look out

for fresh scent. Or that she would turn
in the anagram of his absence back to the water's edge
flicking kisses and flintstones far out onto the lake,

to gag the assonance of death.

Amhrán don Ghealach

Bhí an ghrian ag brath ar a dhul faoi
nuair a dhruid ógfhear saolta isteach

ar thaobh an locha, snámh na lánghealaí
ar intinn aige – agus briseadh

as a stadsmaoineamh í, síofra locha
ag rianú uisce na gcloch in íochtar

na roschoille. Sailm fir ní ba bhreátha
ina chraiceann dearg ní fhaca sí riamh,

ní ba ghile agus é ag treabhadh na scairbhe;
seoid fir a chuir port ina cuid fiacla

tonnta an locha ag lupadaíl, lapadaíl.

*

Bhí na réaltaí ar an aer
nuair a d'imigh sí in éineacht leis –

(tonnta an locha ag lupadaíl, lapadaíl)
gan aird ar an scáth a chlúdaigh

an ghealach nó ar imní a hathar:
thar do bhaint, thar do bhaint.

Go dtí gur shroich sí talamh na mbacach,
go bhfuair sí í féin ar an uaigneas

ag gliúmáil síos siar san uisce, go dtí
gur mheall sí é go grinneall locha,

níor chaoin sí a cine faoi thoinn.

Last Dance

Madam Rose sits in a blacked-out caravan
in the Square
where she can easily hear the drumbeat
from the tea dances
that mark the end of summer
in these parts –
she will tell you all you need to know
with tarot or palm readings;
the crystal ball is extra
and there's no queue
and her door is always open.
You might think it passing strange to know
that she prays for the souls
of all those who had ever danced
in Lisdoonvarna
at harvest time
as she shuffles the cards and turns
the Fool face up,
wonders about the number
one two one two one-two three-four
the band has been playing oldies all week
coaxing sore feet back onto the stained floor
for one more dance
all bets off when it comes
to the magic of those stubborn old love songs.
She shuffles the cards again as the tempo
slows to a foxtrot and the lead sings
oh what a fool I've been, falling for you, falling
for all your sweet talk.
The drummer dreams of a black pint
in a quiet pub when the session is done
while the floor fills up
for a last fling and the bare faced acres of winter
line the walls.
It looks like rain. She shuffles to beat the band.

Damhsa an Fhómhair

Deireadh an tsamhraidh
agus damhsóirí ag bailiú i láthair
an aonaigh

aos na gruaige léithe ag dul
ag damhsa
uair amháin eile,

iad chomh hóigeanta
is a bhí siad
an chéad lá riamh, cé
breicneach na haoise le feiceáil orthu;

agus, bíodh an ghaoth leo.

Ní ag breathnú ar ais atá siad
ná cumha ina dhiaidh:

na blianta crosta,
na deiseanna scriosta.
na coinnle múchta

ach an t-uchtach faighte acu
cor na sióg a dhamhsa

roimh fhuacht an gheimhridh, nó eile.

UCCELLO'S PERSPECTIVE

Uccello's 'Hunt in the Forest'

Hardly even a niggle but it kept him vexed
during the long hours
trying to figure out where the chase was taking him,
and how he might turn his hand to bag it,
and why he eyeballs the gridiron of tiles
on the pavement floor,
looking askance at the manifold angles,
the set of all points
that stop short when up against the flat refusal
of a bolted door, the cold of a gable wall;

the throw of chrome shadows plaguing him
into thinking pigment,
oil of flaxseed and castor, ink of oak gall,
taking him deeper
into the forest, and the hunting down of a lost trail.

By any rule of thumb, they should have been in full cry,
a fantail of riders
and their retinue of pages and hunting dogs
panned out
against the lamp dark night and brought to heel
by the silence of the brushwood, with nothing
to reach for
except the gold foliage that somehow they were all
transfixed by
in fugitive strokes of tint or tone
and trying to make out what on earth it was
that held them –
tight-lipped figures refusing to be drawn on what
they might have glimpsed
beyond the vanishing point. What remains to be seen.

Fiach Oíche

Ní ráfla é,
agus ná cuir bréag i mo leith
faoin rud gan aithne a tharla

i lár coille
i gcochall oíche

tusa a bhí ann
(más fíor é)
díreach ar an láthair

agus rian na fianaise agat
i do ghlac

cé go bhfuil do theanga ina stolp
gan faic agat le rá.

Ach nach bhfaca tú féin iad
lucht na seilge lánstoptha
agus scaoll fúthu –

an fiach imithe siar crosta
agus tusa i do dhíol creiche?

Abair é agus bí réidh leis;
cé folamh é seilg an lae
ní mór duit d'fhiacha a líonadh

iallach ort do bhéal a oscailt
agus labhairt –

an deachú atá le n-íoc.

OFF-CUTS

Cut out your tongues (he told them)
and stick to your own métier

stick pins in your eyes, if you must,
bypass the verbal cues in favour

of paper cut-outs

mount them on walls and ceilings,
on the polished floor of hallways.

Pay no attention to frames, cross
boundaries if that's where the sun

is sinking. Throw your palette
back into its face, lift the lid on light.

What remains (he insisted) belongs to God.

Ollamh na nIarsmaí

Más ealaíontóir thú,

ní foláir duit (de réir mo dhuine)
snaidhm a chur ar do bhéal.

'Séard atá ag teastáil, nach ea,
ná amharc na súl amháin?

Istigh i gcluas an stiúideo
agus an ruaig curtha ar an gcaint
féach na hiontais ar lí an óir
nó eile
ag teacht chun cinn –

a rámhailligh ag iompar seoil,
stractha as páipéar daite

balcaisí na spéire
ag síorchasadh os a chionn
ag teacht sa timpeall air.

An méid atá fágtha,
is le Dia iad (a deir sé) –
blúiríní ar an urlár.

Painting with Scissors

With a little elbow room, and a longish mop
I can run rings around cobwebs.

Matisse managed it from his sickbed
with an artist's touch;

scissors at the ready, gauging the lexicon
of a paper roll he had his eye on, the wall

and ceiling space earmarked for the cut-outs,
blue on white maybe, sometimes white on blue.

Or a garden in summer, if he had a mind for it.

He draws freehand from a distance, the charcoal
clinging to a bamboo pole, a nudge to where

the cut-outs sag under their own weight, taking
on a life of their own. The pinholes show up

when taken down, die a death
on the ground; no matter that they read webs

from a height; what is left out, what is not said.

Gearradh agus Greamú

Ní hiad téada an damháin alla
atá ar crochadh os a chionn

ach pictiúir déanta as páipéar
breactha le dath an bhogha ceatha.

Is anseo a leanann sé
ag cur dathanna de ar mhúnla

an dúlra

nó ar bhlosc bláthanna
i ngrianstad an tsamhraidh.

In ionad scuab ealaíne,
tugann sé chuige
siosúr agus rolla páipéir

chun cruth agus camóg a dhéanamh.

Luíonn sé i bhfad siar ón bpictiúr
cuaille caol ard ina lámh aige

líníocht ghorm na spéire á tarraingt
anuas ar leathanach bán –

ag leagan brat datha ar an domhan.

Not a Chance

In the unlikely event that I should get my hands
on the sky's embroidery all of a shimmer
with the bling of gold and silver and powder blue
edged with cobalt: a stroll in the twilight zone ...

I would spread my heavenly carpet wide but
being penniless, and without means, it would be
sinful to throw it away on a whim or have somebody
trample all over my dreams. So, no way.

AG BRATH AR ÉIDE NEIMHE

a haithle W.B. Yeats

Dá mbeadh taipéis na bhflaitheas
i mo ghlaic –

ag lonrú le haithne óir agus airgid,

gorm dorcha na spéire in éadach léas na hoíche,
solas lae agus leamhsholas ina measc

is faoi do bhoinn amháin a bheas siad.

Ach anseo i gcorplár na mbocht
níl agam ach dóchas agus súil le do ghrá.

Féach mo chuid lánscaipthe,
lomnocht ar an urlár –

fainic agus faire ort,
ar eagla mo chroíse faoi do chos.

Nothing but Red

i.m. Máire Rua of Leamaneh Castle

What manner of shadow is this
to darken my door, the partner of my bed sheets
spread-eagled in a skirmish below my battlements?

What cause would make me stoop so low
and raise my drawbridge for a lifeless form,
the very thought
of which turns my face away?

What good is a dead man to me?

Am I not worthy of a man with some quick of energy
left in him, to watch him strut towards me
with his mouth pursed in a kiss curl?

I cast my glad eye beyond the pale,
my grace and favour resting on the one
who's ready to drop
beads of sweat on my red, red hair.

As for yonder corpse
stretched stiff and cold on the grassy ground
below my castle walls … bless.

MÁIRE NA GRUAIGE RUA

Mise á rá leat –

cén mhaitheas domsa é,
céile leapan mar é

sínte ar chúl a dhroma
gan dé ná deann as?

Mise á rá leat –

nílim chun mo dhoras a oscailt
do chorpán mar é

agus fuarchrith an bháis
ag cur masmais orm.

Mise á rá leat –

táimse i dteideal
boic mhóir theasanálaigh

le cló na flaspóige ar a bhéal
agus fuinneamh léime ann!

Marbhfháisc ar mo dhuine
(beannaím uaim é).

Fáilte lánghealaí roimh an té

atá ar tí grá-allas a shileadh
ar mo ghruaig rua.

JOURNEY

Around the table, what we talked about
was the journey

how we got here
how we got lost on the way
how the fog came down and encrypted
the signpost

how we looked for a house by the lake

and how, on a road through the woods
and in the dark, we almost missed

the white gate.

Camchuairt

Cois boird, is í an chuairt amháin
A bhí mar ábhar cainte againn

an snámh go dtí an áit seo
an dul ar fán

an ceo a chuir cochall
ar chomharthaí bóthair

muid sa tóir ar theach cois locha

agus an chaoi – ar bhóthar coille
is an dorchadas anuas orainn –

ar chaill muid, nach beag,

                    an geata geal.

Nil by Mouth

Playing chess in palliative care, waiting
for the next move
knowing that it was never going to be
up to you,
the bottle of whiskey on top of the locker
the apple of your eye
is now way beyond your reach
and you're dying as surely as a jazz singer
with cancer of the throat
about to croak it –
the king of the swingers
miming a mouthful of words
with the rest of the combo joining in
even though they'd sworn themselves
to a silence
that never was in their repertoire
and never would be. Imagine such
a scenario, having to ask him to pack
it in and go
before the session was over –
I reached the top and had to stop
And that's what's bothering me
expelled in jig time for conduct
unbecoming, for failing to take death
at its word. No such rules
at the funeral where they let rip
with trumpet and saxophone and drum
a medley that might have been heard
at a wild audition way out in Sylaun.
But yours was a quieter death
as we read aloud to you rhyming poems
you might have learnt at school
leaning in to your unconscious ear
while knowing
what they all claimed to know

Lá ar an bPortach

Agus tú ar leaba an bháis
(cé leisce ort imeacht)
lá geimhriúil feanntach san ospidéal

cheapas glincín fuisce a fhágáil
laistigh de rith do láimhe –

ar thóir bhlas teolaí na seanlaethanta.

Ar an drochuair,
agus galar damanta i do scornach,
ní raibh ar do chumas deoch a ól
níos mó, ná fiú focal scoir a rá.

An cuimhin leat,
i measc na scáileanna, na cuirtíní dúnta
thart timpeall do leapa,

lá samhraidh ar an bportach,

labhairt na cuaiche
ag glaoch ort; gairm a d'fhan
mar phaidir agat amach san Fhómhar
agus an cruachán móna tógtha abhaile;

chuile rud réidh a't roimh am na síne.

Anois, agus tú as éisteacht,
gan chomhartha de bhloscadh an bháis
    le feiceáil
chromas ar rannta filíochta a léamh duit
as cóipleabhar gioblach scoile

ar eagla ceoil i do chluas fós.

that hearing was the last sense to go.
I'd rather think of you out there
in the wetlands,
saving the turf that last summer
before you turned in, before the cuckoo's call
cut across us. A snapshot would have shown
the moment when we stood stock-still
with our heads in the act of turning, as if
leaning out of the window of time, all ears
and trying to figure out
where it was coming from –
gauging the location
with all the bravado of a finger stabbing
at a map: there, or
maybe further over. Or somewhere
yonder beyond the cutting
where spurts of purple loosestrife
and wild iris
are standing in colour for the time being
as though in a dredged up dugout
lined with bog cotton and thistledown:
prayer flags on the boundary
of the riddle that had always kept you
close, out on a limb, leaning into the wind
and listening; and listening now
as if you might be picking up again
a lost echo
stronger than that day in the bog
and close enough to take your breath
away. Already
you're turning
but this time facing into where the song
is coming from. Playing it by ear.

Note: *Lines in italics are from a jazz arrangement of* 'I Wanna Be Like You' *from Walt Disney's 1967 film* The Jungle Book.

Admhálacha : Acknowledgements

Bu'iochas do: *Feasta, Catullus Gaelach, New Hibernia Review, Stand Magazine, Véarsa Saor, Irish Pages, Yeats Reborn, Reading the Future: New Writing from Ireland* (Arlen House/Hodges Figgis, 2018), *The Irish Times, Crannóg, Southword, Cyphers, The North, Skylight47.*

News from Tibet was prompted by Arthur C. Clarke's story *The Nine Billion Names of God.*

An unforgettable photograph from a forgotten history book of a group of SS officers picking flowers somewhere in Bavaria c. 1943 – resulted in *Photograph.*

On the Run and *Ember Days* are drawn from an episode in Irish history popularly known as *The Flight of the Earls.*

Máire Rua McMahon who lived in Leamaneh Castle in Co. Clare during the Cromwellian era was the inspiration for *Nothing but Red.*

Orwell's Eye: one of the slogans in George Orwell's *Nineteen Eighty Four* is 2+2=5 a dogma of the totalitarian Party which aspires to control all forms of thought and speech.

The reference to Scipio's Dream in *Sign Language* is recounted by Cicero in *de Republica* in which the great Scipio Africanus appears in a dream to his grandson, also called Scipio, the gist of which is that fame does not last.

Single Combat is a personal take on the seventh century Old English poem *The Dream of the Rood.*

Uccello's ' *The Hunt in the Forest''* (c.1470) – in tempera and oils with traces of gold – was the prompt for the poem "Uccello's Perspective".

Henri Matissse referred to his work with paper cut-outs as painting with scissors.

FAOIN ÚDAR : ABOUT THE AUTHOR

Is file dátheangach í Dolores Stewart. Ar na leabhair Ghaeilge a tháinig óna peann tá *'Sé Sin le Rá* (2001) agus *An Cosán Dearg* (2003) foilsithe ag Coiscéim. Ó thaobh a cuid filíochta i mBéarla de, d'fhoilsigh Dedalus *In Out of the Rain* léi sa bhliain 1999 agus *Presence of Mind* (2005). Ina theannta sin, is í údar an fhrásleabhair *Ó Fhocal go Focal: Ceárta na Filíochta,* foilsithe ag Coiscéim (2012). Bhain sí duaiseanna amach i nGaeilge agus i mBéarla – ina measc siúd – ag Féile Filíochta Dhún Laoghaire/ Rath Domhnach, ag Comórtas Filíochta Samhain Smurfit, agus ag Comórtas Bhaile na Buillí. Chaith sí seal cónaithe i dTeach Heinrich Böll ar Oileán Acla, agus níos déanaí i dteach Tyrone Guthrie in Eanach Mhic Dheirg, a bhuíochas do Éigse Éireann. Maidir le hábhar a saothair, is léir go bhfuil tarraingt ag an bhfile seo ar a machnamh féin a dhéanamh as cúrsaí fealsúnachta agus staire chomh maith le miotas; spéis faoi leith aici casadh siar ar na seanscéalta as an nua agus léargas eile a thabhairt chun solais.

Dolores Stewart writes poetry in Irish and in English. Her English collections, *In Out of the Rain* (1999) and *Presence of Mind* (2005) were published by Dedalus Press; *'Sé Sin le Rá* (2001) and *An Cosân Dearg* (2003) are published by Coiscéim. She is the author of the Irish language phrasebook, *Ó Fhocal go Focal: Ceárta na Filíochta* (Coiscéim, 2012). Her poetry has appeared in numerous anthologies, including *Reading the Future: New Writing from Ireland* (Arlen House/Hodges Figgis, 2018), *Yeats Reborn* (Leuven, Peeters, 2015), *New Hibernia Review* and the 'Heaney' issue of *Irish Pages* (2014). She was a prizewinner at the Samhain Smurfit International Poetry Festival (2003), the Strokestown International Poetry Festival (2004) and the Dún Laoghaire Rathdown International Poetry Festival (2003). She was awarded an Arts Council bursary in 2007/8/9, residencies in the Heinrich Boll cottage on Achill Island as well as in Annaghmakerrig, courtesy of a Poetry Ireland bursary.